Grecia

Julie Murray

Abdo Kids Jumbo es una subdivisión de Abdo Kids
abdobooks.com

abdobooks.com

Published by Abdo Kids, a division of ABDO, P.O. Box 398166, Minneapolis, Minnesota 55439.

Printed in China

052025

092025

Spanish Translator: Maria Puchol

Photo Credits: Alamy, Getty Images, Shutterstock

Production Contributors: Teddy Borth, Jennie Forsberg, Grace Hansen
Design Contributors: Laura Graphenteen, Candice Keimig

Library of Congress Control Number: 2024949831

Publisher's Cataloging-in-Publication Data

Names: Murray, Julie, author.

Title: Grecia/ by Julie Murray;

Other title: Greece. Spanish

Description: Minneapolis, Minnesota: Abdo Kids, 2026. | Series: Países | Includes online resources and index

Identifiers: ISBN 9798384906575 (lib.bdg.) | ISBN 9798384907138 (ebook)

Subjects: LCSH: Greece--Juvenile literature. | Europe--Juvenile literature. | Greece--History--Juvenile literature. | Greece--Social life and customs--Juvenile literature. | Geography--Juvenile literature. | Spanish language materials--Juvenile literature.

Classification: DDC 949.5--dc23

Contenido

Grecia

Grecia está en el sur de Europa. Limita con cuatro países y tres mares. Más de 10 millones de personas viven allí.

Bulgaria
Macedonia del Norte
Albania
Grecia
mar Egeo
Turquía
mar Jónico
N
O
E
S
mar Mediterráneo

Historia

Hace más de 5000 años que en Grecia surgió la primera **civilización** de Europa. La civilización minoica se concentró en la isla de Creta. Los minoicos eran conocidos por sus grandes construcciones y su colorido arte.

Grecia
Creta
Palacio minoico
de Cnosos

En el año 700 antes de la era común, el país se dividió en **ciudades-estado**. Cada una tenía su propio gobierno. Atenas formó un gobierno dirigido por el pueblo. Aquí nació la **democracia**.

Durante más de 2000 años Grecia fue gobernada por otros países y potencias. Consiguió su independencia en 1832 y en la actualidad es una **república parlamentaria**.

Ciudades

La capital es Atenas y es la ciudad más grande del país. Es una de las ciudades más antiguas del mundo. Es conocida por su rica historia y extraordinario arte.

Grecia
Atenas

Tesalónica, también llamada Salónica, tiene **puerto**. Es la segunda ciudad más grande de Grecia. Aquí se fabrican ropa, vidrio y otros productos.

Tesalónica
Grecia

Naturaleza

En Grecia hay montañas, bosques y lagos. El monte Olimpo es el punto más alto con 9570 pies de altura (2917 m). En la Antigua Grecia se pensaba que era el hogar de los dioses.

monte Olimpo
Grecia

Grecia tiene más de 2000 islas. Alrededor de 200 están habitadas. Las islas crean hermosas vistas a lo largo de las costas. Santorini es una isla muy popular, conocida por sus pueblos en los acantilados.

Grecia
Santorini

En Grecia crecen fácilmente los abetos, los pinos y los olivos. Estos últimos son una parte importante de su **cultura**. Los griegos usan aceite de oliva a diario en sus comidas.

Lugares emblemáticos

cañón de Vikos
Epiro, Grecia

Mikonos
Egeo sur, Grecia

el Partenón
Atenas, Grecia

yacimiento arqueológico de Micenas
Peloponeso, Grecia

Glosario

ciudad-estado – estado independiente formado por una ciudad y su territorio cercano.

civilización – estado avanzado de desarrollo de una sociedad, juzgado por aspectos como la existencia de un sistema de gobierno y leyes, el uso de una lengua escrita y el mantenimiento de registros escritos.

cultura – características de un grupo particular de personas con el mismo idioma, costumbres, ideas y arte.

democracia – forma de gobierno en la que el poder reside en el pueblo, ya sea directamente o a través de representantes elegidos.

puerto – lugar cerca de la ciudad o pueblo donde los barcos cargan y descargan.

república parlamentaria – sistema de gobierno en el que el poder legislativo (grupo que elabora las leyes) proviene del pueblo. El ejecutivo (grupo que hace cumplir las leyes) obtiene el poder del legislativo.

Índice

¡Visita nuestra página **abdokids.com** para tener acceso a juegos, manualidades, videos y mucho más!

Los recursos de internet están en inglés.

Usa este código Abdo Kids

CGK0696

¡o escanea este código QR!